Heinrich Schall

Beiträge zur Entwickelungsgeschichte der Oper

mit besonderer Berücksichtigung der Deutschen in neuerer Zeit

Heinrich Schall

Beiträge zur Entwickelungsgeschichte der Oper
mit besonderer Berücksichtigung der Deutschen in neuerer Zeit

ISBN/EAN: 9783743499430

Hergestellt in Europa, USA, Kanada, Australien, Japan

Cover: Foto ©Thomas Meinert / pixelio.de

Manufactured and distributed by brebook publishing software
(www.brebook.com)

Heinrich Schall

Beiträge zur Entwickelungsgeschichte der Oper

Beiträge

· zur

Entwickelungsgeschichte der Oper

mit besonderer Berücksichtigung der deutschen
in neuerer Zeit.

Inaugural-Dissertation

zur

Erlangung der Doktorwürde

der hohen philosophischen Fakultät

der Rheinischen Friedrich-Wilhelms-Universität zu Bonn

vorgelegt und mit den beigefügten Thesen vertheidigt

am Mittwoch den 26. Januar 1898, Mittags 12 Uhr

von

Heinrich Schall

aus Köln.

Opponenten:

Dr. phil. Heinrich Mehring
Dr. med. Heinrich Rey
Referendar Otto Schulze.

BONN
Buch- u. Steindruckerei Jos. Bach Wwe.
1898.

Vorwort.

Eine wirkliche Geschichte der Oper zu schreiben, deren Aufgabe es ist, den ganzen Entwickelungsprozess der Oper in seinem folgerichtigen Zusammenhange darzustellen, ist noch nicht möglich. Viele Abschnitte derselben mögen zwar mit Meisterschaft, wenn auch nicht erschöpfend, behandelt worden sein, mir aber scheint dieses Gebiet zur Zeit noch sehr vernachlässigt; am kargsten jedenfalls ist bisher immer die Neuzeit bedacht worden, man beschäftigte sich vorzüglich mit der Vergangenheit. Ich habe darum die Neuzeit vorzugsweise betont und am ausführlichsten behandelt.

Auch ist es leicht möglich, dass bei der Vertiefung in einen besonderen Gegenstand von seiten der Autoren gewisse subjektive Sympathien und Antipathien sich erzeugen. Es muss aber nach meiner Ansicht das Bestreben eines jeden sein, der die Geschichte einer Kunst schreibt, möglichst objektiv mit Unbefangenheit, frei von jedweder Parteilichkeit, frei von aller Voreingenommenheit den Wert des Verschiedensten abzuwägen; dies habe ich zu thun versucht. —

Die Quellen nun, aus denen ich für die vorliegende Arbeit geschöpft, an jeder betreffenden Stelle anzugeben, war unmöglich. Auch haben so viele Materialien aus mündlichen Ueberlieferungen und Erkundigungen, oft

körnchenweise aus Schriften, gesammelt werden müssen,
dass der Nachweis zu umständlich geworden wäre.
Hier folgt die Angabe derjenigen Bücher, die ich
für meine Arbeit benutzt habe.

Litteratur.

Dr. Heinrich Alt: „Theater und Kirche in ihrem gegenseitigen
Verhältnjs historisch dargestellt" (Berlin 1846).

A. W. Ambros: „Geschichte der Musik" (Leipzig, bei Leuckart).

— „Bunte Blätter", 2 Bände (Leipzig, bei Leuckart).

Franz v. Biedenfeld: „Dio komische Oper" (Leipzig 1848).

Batka: Monographie über Schumann.

Carl Hermann Bitter: „Reform der Oper durch Gluck und
R. Wagner's Kunstwerk der Zukunft" (Braunschweig
1884, bei Vieweg & Sohn).

— „Beiträge zur Geschichte des Oratoriums" (1872).

Dr. Carl Franz Brendel: „Die Musik der Gegenwart und die
Gesamtkunst der Zukunft." (Leipzig 1854.)

— „Geschichte der Musik in Italien, Deutschland und Frankreich." (7. Auflage, Leipzig 1888.)

— „Grundzüge der Geschichte der Musik." (5. Auflage, Leipzig 1861.)

Friedrich Chrysander: „Jahrbücher für musikalische Wissenschaft." (Leipzig 1863.)

Eduard Devrient: „Das Passionsschauspiel zu Oberammergau und
seine Bedeutung für die neue Zeit." (Leipzig 1851.)

Arrey v. Dommer: „Handbuch der Musikgeschichte." (2. Auflage,
Leipzig 1848.)

— „Musikalisches Lexikon." (Leipzig 1865.)

Dr. Gottfried Wilhelm Fink: „Wesen und Geschichte der Oper."
(Leipzig 1838, bei Georg Wigand.)

Johann Nicolaus Forkel: „Allgemeine Geschichte der Musik."
(Leipzig, bei Schwickert. I. Band 1788; II. Band 1801.)

M. Fürstenau: „Zur Geschichte der Musik und des Theaters am
Hofe zu Dresden." (Dresden, I. Bd. 1861; II. Bd. 1862.)

Carl Friedrich Glasenapp: „Richard Wagner's Leben und Wirken." (2 Bände; 2. Auflage, 1882.)

Adolf Glaser: „Geschichte des Theaters zu Braunschweig." (Braunschweig 1861.)

Eduard Hanslick: „Die moderne Oper." (Berlin 1875.)

Dr. Carl Hase: „Das geistliche Schauspiel." (Leipzig 1858, bei Breitkopf & Härtel.)

Emil Haneis: „Das deutsche Fastnachtspiel im 15. Jahrhundert." (Im Jahresprogramm (1874) des n. ö. Landes-Realgymnasiums in Baden.)

Ferdinand Hiller: „Aus dem Tonleben unserer Zeit." (2 Bände, 1868. Leipzig, bei Leuckart.)

— „Künstlerleben". (Köln 1880, bei Du Mont-Schauberg.)

Dr. H. Holland: „Die Entwickelung des deutschen Theaters im Mittelalter." (München 1861.)

F. W. Jähns: „Carl Maria v. Weber. Eine Lebensskizze." (Leipzig 1873.)

Dr. Otto Jahn: „W. A. Mozart." (3. Auflage in 1 Bande. Leipzig 1889, bearbeitet von Deiters.)

Dr. Ernst Koch: „R. Wagner's Bühnenfestspiel." (Leipzig, bei C. F. Kahnt.)

Dr. A. Kohut: „Monographien über Auber, Meyerbeer und Rossini."

Carl Kossmaly: „Mozart's Opern" (1848).

— „Ueber R. Wagner" (1874).

Wilhelm Langhans: „Geschichte der Musik des 17., 18. und 19. Jahrhunderts." (Leipzig, bei Leuckart; I. Bd. 1882; II. Bd. 1887.)

Dr. E. O. Lindner: „Die erste stehende deutsche Oper." (Berlin 1855. 2 Bände.)

Peter Lohmann: „Ueber die dramatische Dichtung mit Musik." (Berlin 1850.)

Dr. Adolf Marx: „Gluck und die Oper." (Berlin 1863, 2 Bände.)

— „Beethoven's Leben und Schaffen." (3. Auflage 1879.)

— „Die Musik des 19. Jahrhunderts und ihre Pflege." (1855.)

Ludwig Siegfried Meinardus: „Rückblick auf die Anfänge der deutschen Oper." (1878.)

— „Mattheson und seine Verdienste um die deutsche Tonkunst." (1879.)

— „Die deutsche Tonkunst im 19. Jahrhundert." (1887.)

Mendel: „Giacomo Meyerbeer. Sein Leben und seine Werke." (Berlin 1869.)

Dr. Wilhelm Mohr: „Richard Wagner und das Kunstwerk der Zukunft im Lichte der Bayreuther Aufführung betrachtet." (Köln 1876, bei Du Mont-Schauberg.)

Franz Carl Müller: „R. Wagner und das Musikdrama." (1861.)

Dr. Emil Naumann: „Deutsche Tondichter von Seb. Bach bis R. Wagner." (Leipzig 1896. 6. Auflage.)

— „Musikdrama oder Oper." (1876.)

Dr. Ludwig Nohl: „Ueber die Entwickelung des Musikdramas." (München 1870.)

— „Mozart's Leben." (Leipzig 1877. 2. Auflage.)

— „Mozart nach Schilderungen seiner Zeitgenossen." (1880.)

— „Beethoven's Leben." (Leipzig 1864—77. 3 Bände.)

— Monographien über Beethoven, Gluck, Haydn, Liszt, Mozart, Spohr, Wagner, Weber.

Niggli: Monographie über Schubert.

F. C. Paldamus: „Das deutsche Theater der Gegenwart." (Mainz 1857.)

Dr. Oskar Paul: „Handlexikon der Tonkunst." (2 Bände, 1872.)

Dr. A. Peucer: „Die Hamburger Oper 1678—1728."

C. F. Pohl: „Joseph Haydn." (Leipzig, I. Bd. 1875, II. Bd. 1884.)

Joseph Joachim Raff: „Die Wagnerfrage." (1854.)

Johann Friedrich Reichhardt: „Ueber die deutsche komische Oper." (1774.)

August Reissmann: „Die Oper in ihrer kunst- und kulturgeschichtlichen Bedeutung." (1885.)

— „Von Bach bis Wagner; zur Geschichte der Musik." (1861.)

Dr. Hugo Riemann: „Musik-Lexikon." (4. Auflage, Leipzig 1894, bei Max Hesse.)

Fr. M. Rudhardt: „Geschichte der Oper am Hofe zu München." (Freising 1865.)

Hans Michel Schletterer: „Der Ursprung der Oper." (In der Breitkopf & Härtel'schen Sammlung musikalischer Vorträge.)

Chr. Schmid: „W. v. Gluck, dessen Leben und tonkünstlerisches Wirken." (Leipzig 1854.)

L. Schneider: „Geschichte der Oper und des königlichen Opernhauses in Berlin." (Berlin 1852.)

Dr. Gustav Schilling: „Universal-Lexikon der Tonkunst." (7 Bde., 1835—40.

Dr. Gustav Schilling: „Geschichte der heutigen oder modernen Musik." (1841.)

Schrader: Monographie über Händel.

W. Tappert: „Richard Wagner, sein Leben und seine Werke." (Elberfeld 1883.)

Dr. Emil Vogel: „Bibliothek der gedruckten weltlichen Vocalmusik Italiens." (2 Bände, 1892.)

Richard Wagner: „Beethoven." (1870).

— „Das Judentum in der Musik." (1850.)

— „Oper und Drama." (1851.)

— „Das Kunstwerk der Zukunft" (1850.)

— „Ueber die Bestimmung der Oper." (In der Gesamtausgabe seiner Schriften bei E. Fritsch, Leipzig, Band X.)

— „Das Bühnenfestspielhaus zu Bayreuth." (Leipzig 1873, bei E. Fritsch.)

Max Maria v. Weber: „Carl Maria von Weber, ein Lebensbild." (3 Bände, 1866—68.)

H. Welti: Monographie über Gluck.

C. v. Winterfeld: „Johannes Gabrieli und sein Zeitalter." (3 Bde., Berlin 1834.)

H. Wittmann: „Monographie über Cherubini und Lortzing."

Dr. E. Wilken: „Geschichte der geistlichen Spiele in Deutschland." (Göttingen 1872, bei Vandenbroeck und Ruprecht.)

Hans Paul Freiherr v. Wolzogen-Neuhaus: „Erinnerungen an R. Wagner." (1883.)

Carl August Freiherr v. Wolzogen: „Ueber Theater und Musik." (Breslau 1860.)

Publikationen älterer praktischer und theoretischer Musikwerke. Herausgegeben von der Gesellschaft für Musikforschung unter Protection Sr. Königl. Hoheit des Prinzen Georg v. Preussen. (Berlin 1881, bei Trautwein.)

Vierteljahrschrift für Musikwissenschaft (vom Jahre 1885 an). (Verlag von Breitkopf & Härtel.)

Neue Berliner Musikzeitung. (Jahrgang 1890—95.)

Der hohen philosophischen Fakultät der Rheinischen Friedrich-Wilhelms-Universität zu Bonn an dieser Stelle nochmals meinen innigsten Dank abzustatten für die freundliche Bereitwilligkeit, mit der sie es mir erlaubt, nur einen sehr kleinen, kaum den fünften Teil meiner Arbeit drucken zu lassen, ist mir eine angenehme Pflicht, die ich hiermit gern erfülle.

Der Verfasser.

Einleitung.

Wenn man sich nach der Entstehung der Oper fragt, so ist zunächst klar, dass solch ein zusammengesetztes Kunstwerk nicht die Erfindung eines Tages und eines einzelnen Menschen sein kann. Wir erfahren aus der Geschichte, dass sie, wie alle grossen Dinge, aus unscheinbaren Anfängen in Jahrhunderte langem Ringen zu ihrer jetzigen Blüte und Bedeutung emporgewachsen ist. In ihren Grundzügen war sie schon lange vorhanden, bevor der Name entstand.

In den alten Tragödien der Griechen fand eine Verbindung der Dicht- und Tonkunst statt. Die Musik war aber die bei weitem untergeordnete, der Dichter war die Hauptperson, seine Kunst die vorherrschende, so wenig auch Flötenspiel und Chorgesang fehlen durften. Aeschylos legte auf die Chöre, also auf den musikalischen Teil der Tragödie, ein bedeutendes Gewicht. Die Chöre waren unisono Gesänge und beschränkten sich auf den Umfang von 4 Tönen; von Flöten und Zithern wurden sie begleitet. Den Wert und die Wirkungsmacht der Tonkunst empfand also schon das griechische Altertum, und wenn es ihm auch nicht möglich war, sie auf die Höhe der gegenwärtigen Ausbildung zu heben, so ist bei ihm doch schon eine Verbindung der dramatischen Handlung mit dazu gehöriger Musik, d. i. eine Anlage zur Oper, anzunehmen.

Die Anfänge moderner dramatischer Kunst haben wir in den geistlichen Schauspielen zu suchen, deren Spuren bis ins 10. Jahrhundert zurückreichen. Sie bestanden in der Darstellung von Scenen aus der hl. Geschichte und wurden in Klöstern und Kirchen aufgeführt; später wurden sie wegen der darin enthaltenen Rohheiten und Profanierung von den Päpsten in den Kirchen verboten; doch sie wurzelten tief im Volke und wurden nun auf Strassen und öffentlichen Plätzen von eigene dazu gebildeten Gesellschaften aufgeführt. Im Jahre 1313 wurde in Paris ein eigenes Theater für diese „göttlichen Komödien" erbaut. Diese Aufführung der Passions- und Kirchenschauspiele hatte die Landleute zur Nachahmung gereizt, und von den vielen Volksschauspielen, die damals entstanden, im 17. Jahrhundert aber wieder ganz verschwanden, hat sich nur eins erhalten, das Oberammergauer Passionsspiel. Es entstand im Jahre 1633, die Musik dazu allerdings erst in unserem Jahrhundert. (Näheres hierüber findet man in Ed. Devrient's: „Geschichte der deutschen Schauspielkunst", Band I, Seite 402 ff.)

Durch diese Spiele schon wäre die künftige Oper hinlänglich vorbereitet gewesen, auch wenn keine anderen Umstände ihre Erhebung begünstigt hätten. Diese traten aber ein. Zu den Förderern zählt man vor allem die Troubadours. Einer der berühmtesten ist *Adam de la Hale*)* (um 1240 zu Arras geboren, 1286 in Neapel gestorben). Er war Sänger im Dienste des Grafen von

---

*) Im Juni 1896 wurden in Arras Feste vorbereitet zur Ehrung des Trouvères Adam de la Hale, der als Begründer des französischen Singspiels gilt. Seine Werke, von Edmond de Coussemaker gesammelt und in moderne Notenschrift übertragen, erregen noch dieselbe Bewunderung, wie im Anfange des Mittelalters.

Artois, Roberts II, und begleitete diesen auf seinen Reisen. Adam de la Hale ist der erste uns bekannte Autor dramatischer Werke, welche er selbst dichtete und in Musik setzte. Seine Dramen sind als der Keim der französischen komischen Oper anzusehen. Von besonderer Bedeutung sind seine Gieux (jeux=Spiele), kleine dialogisierte Stücke, in welchen Gesänge vorkamen. Von diesen Spielen sind zu nennen: „La feuillée", „li gieux du pélerin" und vor allem „li gieux de Robin et Marion". Das letztgenannte Stück enthält 20 Gesänge. Die Melodien sind einfach, von ungezwungener Natürlichkeit und zeichnen sich durch rhythmische Leichtigkeit aus; sie sind sämtlich ohne Begleitung. In der neuen, vortrefflichen Bearbeitung von Julien Tiersot wurde „Robin et Marion" zum 600. Geburtstage des Vaters der französischen Oper aufgeführt.

Die Liebe zum Theater griff immer mehr um sich. Das Aufblühen des Dramas im folgenden Jahrhundert brachte auch auf musikalischem Gebiete mehr Gestaltung und Form. Im Jahre 1480 wurde in einem mit reichen Decorationen versehenen Theater auf dem Markte zu Rom ein geistliches Festspiel: „Die Bekehrung des hl. Paulus", componiert von *Francesco Beverini,* aufgeführt. Von der Musik hat sich nichts ausfindig machen lassen.

Der Kern der Sache, das Drama, stand ausgebildet fest, das besondere Kennzeichen der Oper aber, die musikalische Recitation, fehlte noch, die Musik bestand vielmehr aus Madrigalen. Das Madrigal (Schäfergedicht) wurde für 3, 4 und 5 Stimmen im freien Contrapunkt gesetzt. Eine Stimme wurde gesungen, die andere in freier Weise auf der Laute begleitet, oder man liess Monolog und Dialog mehrstimmig auftreten.

Orazio Vecchi (geb. um 1550 zu Modena, gest. 19. Sept. 1605 ebendaselbst) componierte im Jahre 1597 ein Stück in solchem Stile: „L'Anfiparnasso" (commedia armonica.) Es bestand aus einer Reihe 4—5stimmiger Madrigale, die hinter den Coulissen gesungen wurden. — Nach diesen einleitenden Bemerkungen glaube ich, mich zur Oper im besonderen wenden zu dürfen und will es zunächst versuchen, die Entwickelung derselben in Italien zu beschreiben.

Die Entwickelung der Oper in Italien.

Italien ist das Land des Gesanges, die Wiege aller Musik. Der Italiener folgt dem Drange seines Herzens, ihm ist süsse Melodik eigen. Es darf uns also nicht wundern, dass die italienische Oper über alle Welt siegte und fast bis in dieses Jahrhundert hinein Siegerin blieb. Zu Ende des 16. Jahrhunderts zeichnete sich namentlich Florenz durch besondere Pflege der Künste und Wissenschaften aus. Florenz hat man auch zur Wiege der Oper gemacht. Wissenschaft und Kunstliebe hatten sich durch Bemühung des Hofes der feinsinnigen Mediceer der Einwohner bemächtigt. Um den vornehmen und musikalisch tüchtigen *Grafen von Vernio, Giovanni Bardi,* pflegte sich eine Gesellschaft geistvoller Männer zu versammeln, die regelmässige Zusammenkünfte hatte.

Man suchte die Tragödie des Aeschylus und Sophokles wieder in Szene zu setzen und kam darauf, hierzu eine dem Geiste der griechischen Tragödie angemessene Musik zu schreiben. Giovanni Bardi selbst dichtete und componierte: „L'amico fido".

Aus dem Kreise dieser Männer ist zu nennen, *Vincenzo Galilei* (geb. um 1533, gest. um 1600). Er componierte nach der Weise der alten Griechen eine Szene des „Ugolino" von Dante für eine Singstimme mit Begleitung einer Viola. Er ist der erste, der dramatisch gehaltene Gesänge für eine einzelne Singstimme mit Begleitung eines Instrumentes componierte.

Giulio Caccini (geb. 1550 zu Rom, gest. 1615 zu Florenz) folgte ihm auf diesem Wege. Er ist Mitbegründer des neuen Musikstils, des Stils unserer Zeit, dessen Wesen begleitete Melodie ist. Durch schlichte musik. Deklamation hat er dem Texte einen erhöhten pathetischen Ausdruck gegeben. So entstand das Recitativ, dass sich durch Steigerung des musik. Ausdrucks zur Arie entwickelte. Seine ersten Compositionen waren Madrigale im polyphonen Stile. Das Madrigal ist, wie schon bemerkt, die musik. Grundlage der ersten dramatischen Cantaten. Sobald der Gesang begonnen hatte, sich vom Madrigal zu entfernen, ging er in eine Art psalmodierender Recitation über. Dies ist die erste Grundlage unseres jetzigen Recitativs. Aber die Mängel dieser Recitation traten bald hervor. Man fand die Einführung einer Art von Cantilene für notwendig, die mit den Textworten in Uebereinstimmung treten konnte; man nannte sie Canzonen oder Canzonetten. Nach Erfindung des Madrigals war es aber vor allem die neuerfundene Monodie, d. h. der Gesang für eine Singstimme mit Instrumentalbegleitung, die epochemachend für die Oper war. Der erste Gedanke ging, wie bereits erwähnt, von Florenz aus; denn dort war schon am Ende des 16. Jahrhunderts durch das Zusammenwirken talentvoller, geistreicher Kunstfreunde und geübter Musikdilettanten ein eifriges Streben erwacht, das altgriechische Drama wiederherzustellen und eine ausdrucksvollere, reizendere, frei heraustretende, deklamatorische Musik zu schaffen. Das Streben wurde mit dem besten Erfolge gekrönt; mehr melodischer Ausdruck war gefunden und bewährte sich glänzend. Den neuen Stil nannte man stile representativo oder parlante oder recitativo. Caccini comp. 1590: „Combattimento d'Apolline col Serpente" und „il ratto di

Cefalo" sowie „Euridice". Neben Caccini ist zu nennen,
als der geistvollste und gründlichste Komponist jener Zeit,
speziell für die Oper, *Jacopo Peri* (geb. um 1560 zu
Florenz, gest. um 1630). Er componierte mit Caccini zusammen: „Dafne". Durch die Aufführung der „Dafne"
im Jahre 1594 war der Grund gelegt, auf dem sich die
Oper aufbauen konnte. Das dramatische Recitativ wurde
vom bezifferten Basso begleitet. 3, 4 und 5stimmige
Chöre, Ensemblestücke, ein- und mehrstimmige Gesänge
wechselten in anmutiger Weise ab. Die Recitative
wurden abwechselnd von Klavier, Laute und Viola begleitet.

Peri componierte ferner „Euridice" (tragedia per
musica) ; die, wie eben erwähnt, auch Caccini componierte.
Im Jahre 1600 wurde die Euridice gelegentlich der Ver-
mählung Heinrichs IV. von Frankreich mit Maria von
Medici aufgeführt. Man hat „Euridice" zur allerersten
Oper gemacht und Caccini und Peri zu ihren Erfindern.
Aber das Werk bringt durchaus nichts neues und des-
halb ist auch Euridice nicht die erste Oper.

Als vierter grosser Componist jener Zeit ist zu
nennen: *Emilio del Cavalieri* (geb. 1550 in Rom, gest.
1599 in Florenz). Er ist Mitbegründer des monodischen
Musikstils, ein Feind des Kontrapunkts. Grossen Wert
legte er auf die Melodiebildung. Er ist der eigentliche
Repräsentant der Kammermusik des 16. Jahrhunderts.
Seine Schäferspiele: „Il Satiro" und: „la desperazione
di Fileno" sind ebenso beachtet, als eine andere, mehr
oratorienartige Composition: „L'anima ed il corpore",
welche 1600 in Rom aufgeführt wurde. Cavalieri hat
zuerst Stücke ganz durchkomponiert, so dass in seinen
Werken nicht mehr gesprochen wird. Die Italiener ver-
langen überhaupt, dass in einer Oper alles gesungen wird.

Jetzt entstand namentlich in Norditalien eine grosse Anzahl dramat. Musikstücke. Sie hiessen: Dramma per musica, Melodramma, Tragedia per musica oder Tragicommedia, erst seit 1650 Opera in musica. In allen diesen Werken that die Musik das Geringste bei der Sache; mehr wirkte die Wortdichtung, am meisten aber die luxuriöse Pracht der Dekorationen. Die Instrumental-Begleitung war sehr mangelhaft, in den ältesten Werken nicht einmal niedergeschrieben. Die Begleitung kann nichts, als eine Verdoppelung der Chöre und eine ganz einfache, wie sie der bezifferte Bass möglich macht, gewesen sein. Hinter der Szene waren neben den Chorsängern auch die Instrumente aufgestellt, z. B. in Peris Euridice ein Chitarrone, eine Harfe, eine Viola da Gamba, eine Theorbe und 3 Flöten.

Trotz ihrer primitiven Beschaffenheit übte die neue Kunstgattung doch eine allgemeine Anziehungskraft aus. Im Anfange des 17. Jahrhunderts beginnen neben Florenz auch Mantua, Bologna und Venedig Mittelpunkte des dramat. Stils zu werden. Bologna war die erste Stadt, welche Peris „Euridice" zur Aufführung brachte. *Hieronymus Giaccobbi* (gest. am 30. November 1630) führte die neue Monodie mit Glück und Erfolg in Bologna ein.

Von 1600 an zogen auch Spekulanten herüm, die dem Volke diese neuen musikalischen Dramen in den Strassen und auf Marktplätzen aufführten. — Jeder Stimmpartie wurde ein Instrument beigegeben; die Instrumente also dienten nur zur Verstärkung und Begleitung der Sologesänge.

Mit dem Jahre 1607 erst trat die Oper in ein weiteres Stadium ihrer Entwickelung. Die Bewegung ging von Mantua aus. Der erste, der hier entscheidend

wirkte, war der Cremoneser *Claudio Monteverde* (geb.
1567, gest. am 26. November 1643). Er war der erste
Operncomponist von Gottes Gnaden, ein wirklicher Fach-
musiker, ein talentvoller Componist, der bedeutendste
musikalisch-dramatische Schöpfer des 17. Jahrhunderts.
Im Jahre 1607 hatte er für den Hof von Mantua „Orfeo"
componiert. In diesem Werke findet man alle Momente
der künftigen Oper vor. Es beginnt mit einer „Toccata"
von 9 Takten, die 3 mal von allen Instrumenten ge-
spielt wird. Die Bravourarie ist bereits vorhanden, die
den Sängern reichliche Gelegenheit bietet, ihre Kehlfertigkeit zu entwickeln. Am bewunderungswürdigsten
ist die Coloratur, welche in der schnellen Wiederholung
eines und desselben Tones besteht, z. B. in der ersten
Arie des Orfeo im III. Akte: „Possente spirito". Die
Recitative sind angenehm fliessend, die Harmonien und
Chöre aber hart und ungeschickt.

Monteverde wendet vielfach den Quartsextaccord
an; jedoch macht er auch vom Haupt-, Neben- und ver-
minderten Septimentaccorde Gebrauch. Der 5. Akt beginnt mit einem Duett von 2 Sängern: „Questi i campi
di Traccia". Die Oper schliesst mit einem 5stimmigen
Chore nebst Ballet. Monteverde suchte grössere Effekte
zu erreichen, als die genannten älteren Meister und nahm
hierzu eine verstärkte und in Zwischenspielen mehr an-
gewendete Instrumentation an. Die Laute, welche ge-
wöhnlich die Sologesänge begleitete, blieb auch an vielen
anderen Stellen Hauptbegleiterin. Zu bedeutenden Solo-
gesängen jedoch benutzte er 2—3 Instrumente zur Begleitung, z. B. die Zither und eine Orgel, oder das
Clavicembalo, die grosse Laute und eine Viola. Die
Instrumente hatten 5stimmige Tänze, Nachspiele und
Zwischensätze vorzutragen. Man findet 10 Violinen, 2

Zinken, eine Harfe, 3 Violen, einen Kontrebass, 5 Posaunen und 4 Trompeten zu den obengenannten Instrumenten angegeben. Aber nur wenige klingen zusammen. Die 3, 4 und 5stimmigen Chöre werden unisono begleitet, weil nichts in Noten aufgezeichnet ist. Im Jahre 1608 componierte Monteverde für den Hof von Mantua: „Arianna". Der gesungene Monolog der Arianna, der nur mit einem wenig bezifferten Basse versehen ist, galt für das Rührendste, was die Musik aufzuweisen hatte. 1624 componierte er: „Il combattimento di Tancredi e Clorinda"; kurz darauf: „Il Ballo delle ingrate", ein Erlustigungsspiel mit wenigen Gesängen, meist in Tänzen: 1630 „Proserpina rapita; 1639 „Adone"; 1641 „Il ritorno d'Ulisse in patria", und „Le nozze di Enea con Lavinia"; 1642 „L'Incoronazione di Poppea". — Diese Oper schloss sein glorreiches Wirken.

Monteverde schlug in seinen Werken empfindungswärmere Töne an, er fand erst das eigentliche ariose Element, das seine Vorgänger gesucht hatten; er legte grossen Wert auf die den Gesang begleitenden Instrumente. Er ist der Vater der Instrumentationskunst: besonders das Tremolo und Pizzicato der Geigen sind von ihm erfundene, wirkungsvolle Mittel zur Hebung des Ausdrucks. Die harmonischen Gesetze jener Zeit hat Monteverde zuweilen übergangen und unvorbereitete Dissonanzen eintreten lassen. Dies war aber der theatralischen Musik nur günstig und zulässig. Hier im Gebiete weltlicher Leidenschaft musste der Gebrauch der Dissonanzen sich erweitern. Die Musikkundigen jedoch jener Zeit widersetzten sich der Handhabung stärkerer Dissonanzen, er konnte daher nur auf einen kleinen Teil förderlich einwirken. Im Ganzen blieb die Sache, wie sie gewesen war.

Eine epochemachende Erscheinung für die Entwickelung der dramatischen Musik ist Monteverdes
Schüler: *Francesco Cavalli* (geb. 1599, gest. am 14.
Januar 1676) Als Operncomponist ist er von hoher
Bedeutung, der würdige Geisteserbe Monteverdes. Seine
Werke zeichnen sich durch Tiefe und Wärme des Aus-
drucks, durch rhythmische Kraft, Macht der Leidenschaft
und gesunde Melodik aus. Er componierte 40 Opern.
1641 componierte er „La Didone"; 1649 „le nozze di
Tetide e di Peleo." Ein grossartiger Zug geht durch die
ganze Oper. In demselben Jahre „il Giasone". Die
Einleitung ist eine „Sinfonia" im $^4/_4$, $^3/_2$ dann wieder $^4/_4$
Takt Instrumente sind nicht vorgezeichnet. Den Pro-
log bildet ein Duett zwischen der Sonne und dem Amor.
In der ganzen Oper ist nur ein 4stimmiger, 33 Tacte
langer Chor gegen Ende des I. Actes in der IV. Scene
im $^3/_2$ Tact. Die Arien sind meist von I. und II. Vio-
line, sowie dem Basse begleitet.

Andere Opern dieses Componisten sind noch:
„L'Orimonte" (1650) „Serse" (1654) „Coriolano" (1669)
„Alcibiade" (1667). Im Anschluss an Monteverde und
Cavalli ist zu erwähnen:

Marc Antonio Cesti (1620—1669). Seine Opern
wurden mit grossem Beifall aufgenommen. Seine beste
Oper ist: „La Dori". Die „Sinfonia" vor dem Prologe ist nur
vierzehn Tacte lang. Der Prolog ist im Verhältnis zu den anderen Opern seiner Zeit ziemlich lang. Nach dem Prologe
kommt vor dem I. Acte noch eine Sinfonie von 21 Takten.
Voll schöner Coloraturen ist das Duett in der 9. Scene des
I. Actes. In der ganzen Oper befindet sich kein Chor. Im
Prologe kommen Chöre vor. Im Jahre 1667 componierte er
„La Disgrazione d'Amore". Die „Sinfonia" ist besser
ausgearbeitet als in der vorher genannten Oper und aus-

schliesslich vom Streichorchester begleitet. In der 7.
Szene des ersten Actes findet sich wieder die für uns
aussergewöhnliche Coloratur, welche in der Wiederholung
desselben Tones besteht. Andere Opern dieses Componisten sind „La Semirami“, „la Magnanita d'Alessandro“,
„Orontea“, „Cesare amante“, „Pomo d'oro“, „La schiava
fortunata“.

Ein anderer Componist jener Zeit ist:
Giovanni Legrenzi (geb. 1639 zu Bergamo, gest.
am 26. Mai 1690 in Venedig.) Er componierte 17 Opern
z. B. „Achille in Sciro“, „Zenobia e Radamisto“, „Creso“
„Pertinace“.

Seine Werke bedeuten namentlich in der Behandlung der Instrumentation einen Fortschritt über seine
Vorgänger. Das Orchester vermehrte er auf 34 Mann:
19 Geigen, 2 Bratschen, 3 Viola da Gamba, 4 Theorben,
2 Cornetti, 1 Fagott und 3 Posaunen.

Ferner *Carlo Palavicini* (geb. 1630 zu Brescia,
gest. am 29. Januar 1688 in Dresden). Er componierte
zahlreiche Opern; die berühmteste ist „Gerusalemme
liberata“ (1695). Seit 1667 war er Hofcapellmeister in
Dresden.

Marc Antonio Ziani (geb. 1640 in Venedig, gest.
1720 in Wien).

Die musikalischen Errungenschaften in diesem Zeit-
raum waren nur spärlich. Glanz und Pracht der Decorationen waren immer die Hauptsache. Die Aeusser-
lichkeiten traten in den Vordergrund, und je grösser der
Pomp, je mehr das Auge geblendet wurde, desto grösser
war das Ergötzen des Publicums. Auch der Tanz
spielte eine Hauptrolle. Viele Stücke schlossen mit
einem Tanz statt eines Chores. Der Musikstil verbesserte
sich nur langsam. Die Chöre waren geringe, 4stimmige

Sätzchen mit wenig theatralischem Schwung. Die Recitative behielten ihre Unbeholfenheit; neben diesen findet man spärliche Einzelgesänge nnd arienähnliche Stücke. Die Sologesänge werden vom Basso continuo begleitet. In Venedig wurde das Musikdrama in eine grössere Oeffentlichkeit geführt. Es gewann einen mehr democratischen Charakter; für Geld konnte man Zutritt erlangen; es wuchs der Anteil des Publikums an der neuen Musikgattung stetig, so dass in Venedig von 1637—1730 650 verschiedene Opern aufgeführt wurden, in Bologna von 1600—1700 mehr als 70.

Die Vervollkommnung der Oper in Italien ging nun vorzugsweise von einem Manne aus, der selbst allerdings gar keine Opern schrieb, von *Giacomo Carissimi* (geb. 1585 oder 1604 in Padua, gest. 1680 in Rom). Es war der bedeutende Begründer des späteren Oratoriums, der Erwecker einer neuen Gattung und Kunstform in der Tonkunst; er machte den steifen, unbeholfenen Stil der weltlichen Musik fliessender und sangbarer und dem Geist der Dichtung angemessener. Er brachte frischere Bewegung in den melodischen Gang der Recitative, und unterstützte die betreffenden Accente mit schönen, mannigfaltig bewegten, fliessenden Bässen, denen er sogar kleine Figuren zuteilte. Er hat sich grosse Verdienste um die Entwickelung des monodischen Stils erworben. Seine Musik ist ungemein rührend. Dem ariosen Gesange gab er grössere Anmut und natürlichen Ausdruck. Seine Oratorien und Kammercantaten (dramatisch entwickelte Soli, Recitation und Chöre ententhaltende Singstücke mit Orchesterbegleitung) wurden für das Herrlichste gehalten, was die Musik hervorzubringen im stande sei. Die musikalischen Formen, welche Carissimi in seinen dramatischen Cantaten (Jephta, Salomo,

u. s. w.) wesentlich erweitert und vervollkommnet hatte, übertrugen seine Schüler auf die Oper, und hierdurch wurde Carissimis Einfluss auf die Opernmusik sehr bedeutend, trotzdem er selbst nie eine Oper schrieb. Sein Schüler, *Giovanni Battista Bassani*, (geb. 1657 zu Padua, gest. 1716 zu Ferrara) gehört zu den besten Operncomponisten jener Zeit. Seine schönsten Opern sind: „Falarido", Tiranno d'Agrigento", „Alarico" und „Ginevra". Sein berühmtester Schüler ist: *Alessandro Scarlatti*, (geb. 1649 zu Trapani, gest. am 24. October 1725 zu Neapel). Dieser hat den geschmeidigeren Stil Carissimis auf die Oper übertragen und dadurch den Sieg der Arie und des bel canto dauernd in derselben begründet. Die Melodie dominierte vollkommen. Er ist der Urvater der vom jetzigen Standpunkte aus bewunderten italienischen Oper, ein gewaltiger Tonsetzer, einer der grössten Meister aller Zeiten: mehr als 100 Opern, über 400 Cantaten und Oratorien hat er geschrieben. Sein Sinn war auf das Beste gerichtet. Von den Berühmtesten wollte er lernen. Er war bis zu Carissimis Tode dessen Schüler. 1680 ging er auf Reisen und lernte so die grössten Künstler kennen. Zuletzt war er königl. Oberkapellmeister in Neapel und Lehrer am Conservatorium der Musik. Das Recitativ wurde durch ihn zu hohem Ausdruck erhoben. Er verschaffte ihm durch musikalische Ausdrucksweise erst wahre Geltung und verschönerte es durch obligate Instrumentalbegleitung. Dies begleitete Recitativ unterscheidet sich von dem bisher üblichen Seccorecitativ dadurch, dass nicht nur der Harmonienwechsel durch Anschlag einfacher Accorde markiert wird, sondern in den Redeeinschnitten kurze Zwischenspiele ausgeführt werden. Eine hervorragende Stellung in seinen Opern

nimmt ferner die Ouverture ein. (Sinfonia aventi l'opera)
Sie besteht aus einem langsamen Mittelsatze, der von
2 bewegteren Sätzen eingeschlossen ist Er verfeinerte
und erweiterte den Gebrauch der Instrumente und gab
ihnen, obwohl er nur Saiteninstrumente verwendete, eine
charakteristische Kraft und mehr Selbständigkeit. Gross
war er in den Künsten des höheren Contrapunktes.
Für die Arie hat er vor allem die Form festgestellt,
unter der wir sie als „Dacapo-Arie" kennen. In seiner
später zu erwähnenden Oper „Theodora" (1693) hat er
sie zuerst angewendet. Sie wurde von einem instrumen-
talen Vorspiele eingeleitet und besteht aus 3 Theilen,
die bei Scarlatti allerdings noch äusserst knappe Fassung
besitzen. Der 2. Teil der Arie war mit dem da capo
versehen, und der erste Teil wurde nach dem 2. wieder-
holt. Die einzelnen Teile wurden durch Ritornelle unter-
brochen. Seine erste Oper „L'onestà nell 'amore" componierte er 1680 in Wien. 1690 componierte er „La
Rosaura". Diese Oper stellt das Talent Scarlattis ins
hellste Licht. Die „Sinfonia" besteht aus einem Grave,
Allegro, Andante und schliesst mit einem Allegro. Die
Arien zeigen grosse Formvollendung, besonders die der
Rosaura in der dritten Szene des II. Actes: „Non darpia
pene" und die der Chimene in der 6. Szene des II. Actes:
„Non farme più languir". Hinreissend schön sind die
beiden Arien des Elmiro in der 8. und 9. Szene des
2. Actes, besonders die in der 9. Scene: „Ah Crudel"!
1693 componierte er die bereits erwähnte Oper: „Theodora", 1694 „Pyrrho e Demetrio", 1698 „Il prigioniero
fortunato", 1701 „Laodicca e Berenice", 1717 „il trionfo
della libertà", 1712 „Ciro", 1713 „Mithridate", 1715
„Tigrane", 1716 „Carlo, Rè d'Allemagna", 1718 „Tele-
macco", 1719 „Tigrane", 1720 „Turno Aricino", 1721

„Grisolda", 1724 Principessa fedele". In der Oper „Tigrane" bestand das Orchester bereits aus Violinen, Violen, Celli, Contrebässen, 2 Fagotten, 2 Oboen und 2 Hörnern. — Scarlatti ist der eigentliche Vater der neapolitanischen Schule; durch ihn und seine Schüler erhob sie sich zur berühmtesten unter allen. Er gilt als Vermittler des Palestrina-Stils mit dem galanten schönen Stile. Die moderne italienische Oper beginnt mit ihm und an ihn knüpft sich ihre ganze Weiterentwinkelung. Seine knappe, dabei aber treffende Melodik war stets mit dem ausdrucksvollsten Charakter gepaart. Aber in dem Voranstellen der Melodie lag auch der Keim eines sich im Laufe der Zeit immer mehr entwickelnden Verfalles musikalischdramatischer Wahrheit ,und Charakteristik, namentlich als durch Erfindung der Monodie die grossen Solosänger (Castraten) die Ario zum Gerüste ihrer Virtuosenkünste machten und so das musikalische Drama in ein auf die Bühne verpflanztes Conzert verwandelten. Die Sänger wurden Hauptpersonen, der Componist diente ihnen.

Scarlattis Schüler steigern dessen Ruhm noch; zunächst will ich *Francesco Gasparini* (geb. am 5. März 1668 oder 1660 in Lucca, gest. im April 1737 in Rom.) erwähnen. Er war ein hochangesehener Bühnen- und Kirchencomponist. Er schrieb über 40 Opern z. B.: „L'Ajace", „Tiberio". Scarlatti schätzte ihn so hoch, dass er ihn seinem Sohne Domenico zum Lehrer gab. *Benedetto Marcello* (geb. am 1. August 1686 in Venedig, gest. am 24. Juli 1739 in Brescia) war ein Schüler Gasparinis, ein bedeutender Componist, dessen Opern lebhaften Beifall fanden. Ein Mitschüler Scarlattis bei Legrenzi, einer der hervorragendsten künstlerischen Individualitäten seiner Zeit war *Antonio Lotti*, (geb. 1667 in Hannover, gest. am 5. Januar 1740 in

Venedig). Er war in der alten und neuen Kunst geübt.
Zuerst von 1717—1719 Kapellmeister der italienischen
Oper in Dresden, dann in Venedig, erregte er durch
zahlreiche Opern „Giustino", Ascanio", „Tirsi," „Por-
senna", „Teofane", „Trionfo d'innocenza" u. a. m. leb-
haftes Aufsehen. Von Lottis Schülern sind vor allem
zu nennen: *Baldassare Galuppi* (geb. am 6. Oct. 1706,
gest. am 3. Januar 1784.) Er componierte über 60
Opern, die sich durch Zierlichkeit und Grazie auszeichnen,
Er ist einer der orginalsten Componisten auf dem Gebiete der komischen Oper. Ferner der hochangesehene
und fruchtbare Componiet *Antonio Caldara* (geb. 1620
in Venedig, gest. am 28. Aug. oder 28. Dez. 1736 in
Wien); er componierte über 60 Opern. *Tommasso Al-
binoni* (geb. 1686, gest. 1745):

Ich will jetzt zu Scarlattis Schülern zurückkehren
und zwar zunächst seinen Lieblingsschüler erwähnen,
der sich zwar als der einzige von allen Jüngern Scarlattis vom Theater völlig abwandte, aber doch ein
eifriger Förderer geistreicher Musik war.

Francesco Durante (geb. am 15. März 1684,
gest. am 13. August 1755.) Sein Stil ist die glückliche
Verschmelzung neapolitanischer Melodiosität und röm-
ischen gediegenen Contrapunktes. Sonst haben die Italiener des 18. Jahrhunderts auf Kosten des Contrapunktes
sowohl, wie der Wahrheit des Ausdruckes einzig und
allein die Gesangsmelodie zum Gegenstande ihrer Specu-
lation gemacht. Durante war ein bedeutender, talentvoller Vertreter der neapolitanischen Schule, der besonders durch verstärktes Orchesterspiel mit Zufügung
mehrerer Blasinstrumenten seine sinnlich reizenden Ge-
sangsweisen farbiger und klangreicher machte. Ein
anderer Schüler Scarlattis, einer der Mitbegründer

und hervorragendsten Vertreter der neapolitanischen
Schule ist
Leonardo Leo (geb. 1694, gest. 1746 zu Neapel.)
Er schrieb über 40 Opern z. B. „Tamerlano",
„Sofonisbe" (1718) „la clemenza di Tito" (1735) „Siface",
„Olimpiade", „Demofoonte", „Chisciotte" (1748) „Andro-
mache" „Il cive". — Leo erlangte sowohl als Schöpfer
herrlicher Compositionen, wie als Lehrer selbst ausge-
zeichneter Schüler, einen europäischen Ruf. Er ist als
Componist gross durch staunenswerte Vielseitigkeit und
Fruchtbarkeit, wie durch vollendete Beherrschung der
kunstvollsten Ausdrucksmittel.

Hier ist es nun an der Zeit, eine wichtige Gattung
der Tonkunst im Gebiete der Opernmusik zu erwähnen,
ich meine die komische Oper (opera buffa). Nach Scarlattis Tode wurde die opera buffa die vorherrschende
Gattung der neapolitanischen Kunstmusik, während der
Stil der opera seria sich zu verflachen begann; das
Pathos bekam mehr und mehr einen conventionelleren
Anstrich; dramatische Wahrheit des Ausdrucks und
weitere Ausbildung musikalisch - dramatischer Kunst-
formen retteten sich in die opera buffa der Italiener.
Ensemblesätze verschwanden aus der Oper seria und
mussten dem unmässig sich vordrängenden Virtuosen-
tum der Solisten weichen. Die Componisten sahen von
aller musikalischen Charakteristik ab und gingen ledig-
lich auf Melodien aus, die dem Ohre schmeichelten,
indem sie nur die Entwicklung eines an Coloratur über-
reichen Sologesanges ins Auge fassten. Hervorgegangen
ist die opera buffa ohne Zweifel aus den alten schon
zu Anfang des 16. Jahrhunderts vorkommenden Zwischenspielen (Intermezzi). Ich erinnere an das in der Einleitung bereits erwähnte von Orazio Vecchi componierte

Intermezzo „l'Anfipernasso." Hier nun erscheint das von der opera seria losgelöste, weiter ausgebildete Intermezzo als selbständiges Kunstwerk, als zweiaktige opera buffa. Als denjenigen Meister nun, der den Stil der opera buffa für Italien feststellte, wenn sich auch andere Componisten vor ihm auf diesem Gebiete schon versucht hatten, können wir Scarlattis Schüler *Niccolo Logroscino* (geb. 1700, gest. 1763) bezeichnen. Er hat die opera buffa, die schon durch Leo und durch den später zu nennenden Pergolese zuerst kultiviert wurde, erheblich weiter entwickelt und unter anderm durch Einführung der ausgeführten Ensembles zum Abschlusse der Acte (Finale) wirkungsvoller gestaltet. Seine besten Erzeugnisse auf diesem Gebiete sind: „Tanto bene, tanto malo", „il vecchio marito", „il governatore" und „Giunio Bruto". Weiter zu erwähnen ist als Schüler Scarlattis *Nicolo Antonio Porpora* (geb. am 14. Aug. 1685 in Neapel, gest. im Februar 1766 ebendaselbst.) Er componierte 46 Opern, die sich zwar durch melodiöse Anmut und Sangbarkeit auszeichneten, aber keinerlei Eigenschaften besassen, die ihnen ein langes Leben garantierten; es mangelte ihnen die Tiefe und Wahrheit der Empfindung. Porpora selbst war ein grosser Sänger und Lehrer in Neapel. Er bahnte die Einführung des für die Kehlfertigkeit geschriebenen Concertstils an. Seine besten Zöglinge waren die Castraten Farinelli und Caffarelli. Die vorzüglichsten seiner Opern sind „Feramondo" (1719) „Eumene" (1721) „Adelaide" (1723) „Siface" (1726) „Annibale" und „Mitridate". Auch in Dresden war Porpora berühmt. — Andere Componisten jener Zeit sind (allerdings mehr auf dem Gebiete der pathetischen Oper)

Francesco Feo (geb. 1699 zu Neapel, gest. 1752 daselbst.) Er componierte die Opern „Ipermnestra, „Arianne", „Arsace", Andromeda"; und *Leonardo da Vinci* (geb. 1690 in Neapel, gest. 1732 daselbst.) Seine 25 Opern zeichnen sich durch reiche Empfindung und glücklichen Ausdruck aus. Die grössten Erfolge hatte er mit „Ifigenia in Tauride" und „Didone abandonata". Andere Opern von ihm sind: „Siroe", „Astianatte". Der bedeutendste Zeitgenosse und Nachahmer Logroscinos auf dem Gebiete der opera buffa ist *Giovanni Battista Pergolese* (geb. am 3. Januar 1710 zu Jesi, gest. am 16. März oder 17. April 1736 bei Neapel.) Seine besten komischen Opern sind: „il maëstro di musica" „lo frate innamorato" und vor allem: „la serva padrona", welche die Runde durch die ganze civilisierte Welt gemacht hat. Das Werk besitzt musikalische Lebenskraft, melodischen Fluss, Anmut und Humor. Der Arie gab Pergolese zuerst eine von der Melodie verschiedene Instrumentation. In der opera seria, z. B. „La Salustra" „Ricimero" „Adriano in Siria" und „Olimpiade" krankt er an demselben Fehler, wie seine Zeitgenossen. Einer der bedeutendsten Operncomponisten der neapolitanischen Schule ist ein Schüler Leos, ein Meister in der Opera buffa, *Niccolo Jomelli* (geb. am 10. Sept. oder 17. April 1714, gest. am 25. oder 28. Aug. 1774). 1753 wurde er Hofkapellmeister in Stuttgart. Er war auch mit der deutschen Musik vertraut und vertiefte besonders seine Harmonik und die Behandlung des Orchesters. Die Melodien in seinen Opern sind edel und einschmeichelnd. Die Instrumentalbegleitung zeigt ein frisches Colorit. 1769 ging er nach Neapel zurück. Einige seiner Opern sind: „L'erroro amoroso" (1737), „Odoardo" (1738)

„Eumene" „Ricimiero" (1740) „Astranatte" (1740) „Ezio"
(1741) „Menope" (1747), „Armida" (1770), „Demofoonte"
(1770) „Ifigenia in Aulide" (1773). Jomelli war ein
strenger, tüchtiger Dirigent, der das forte und piano,
das crescendo und decrescondo, so sehr beachtete, dass
man ihn für den Erfinder desselben hielt. Seine letzten
Opern wollten nicht mehr gefallen, einige wurden sogar
ausgepfiffen. Deshalb zog er sich ganz vom Theater
zurück und warf sich auf Kirchenwerke. —
Ein höheres Interesse beansprucht ein anderer
Schüler Leos:
Niccolo Picinni (geb. am 16. Jan. 1728 zu Bari,
gest. am 7. Mai 1800 in Passy). Er war ein frisches,
bewegliches, glänzendes Talent. Seine Opern zeichnen
sich durch Anmut, Weichheit und Wohlklang aus. Ganz
hervorragend war er auf dem Felde der Opera buffa.
Seine komischen Opern bilden ein wertvolles Glied in
der Kette der historischen Entwickelung der Oper. Der
Arie hat er das „Dacapo" genommen; dafür führte er
das Rondo ein. Namentlich hat er das Verdienst, den
Ensemblegesang auf der Bühne, besonders auch das
Finale, in welchen mehrere Szenen musikalisch mit-
einander verbunden werden, zu einer weiteren Entwickelung gebracht zu haben. Man findet eine freiere,
wirksamere Behandlung der Stimmen in denselben. In
der Erfindung der Melodie ist er von grosser Bedeutung;
auch zeichnen sich seine Werke durch eine ausdruck-
volle Orchestrierung aus. Er hat über 130 Opern
componiert. Seine erste war: „le Donne dispettose"
(1754). Den grössten Erfolg errang: „Cecchina" (1760).
Sie galt für die vollendetste aller kom. Opern. Im Jahre
1774 ging er nach Paris und trat dort als Rivale Glucks
auf! Er componierte daselbst: „Iphigénie en Tauride";

diese Oper unterlag aber der gleichnamigen Glucks. 1790 trieb ihn die Revolution nach Italien. 1798 ging er wieder nach Paris. Andere Opern von ihm sind: „Alessandro nell' Indie" „Roland" (1776) „La finte gemelle", „Didone" (1783), „Atys", „Griselda", „il servo padrone", „Ercole".

Pietro Guglielmi (geb. im Mai 1727, gest. am 19. Nov. 1804), ein Schüler Durantes, war äusserst fruchtbar; er componierte 85 Opern ernsten und heiteren Inhalts; er war der gefeiertste Modecomponist seiner Zeit. Die besten seiner Opern sind: „Chichibio" (1739), „I due gemelli" „La pastorale nobile", „la Didone", „Guilletta e Romeo" (1816) „Enea e Lavinia", „Debora e Sisara". Ein wertvollerer Componist aber ist

Antonio Maria Gasparo Sacchini (geb. am 23. Juli 1734, gest. am 8. Oct. 1786.) Er hatte glänzende Erfolge in Italien, England, Frankreich und Deutschland. Seine Opern sind melodiös und von klassischer Einfachheit. Sein bedeutendstes Werk ist: „Oedipe a Colone". Andere sind: „Jl gran Cid", „Tamerlano", „Lucio Vero" „Perseo", „Semiramide", (1762) „Alessandro nell' Indie" 1768), „Dardanus" (1784), „Arvire e Evelina" (1786). Sacchini gehört zu den hervorragendsten Tonsetzern jener Zeit.

Tommaso Traetta (geb. am 19. Mai 1727, gest. 1790) componierte 23 Opern, die weich und lebendig instrumentiert sind; es glüht in ihnen ein dramatischer Funke. Einige seiner Werke sind: „Il Farnace" (1750) „Ippolito e Aricio", „Ezio" (1754), „Ifigenia in Tauris" (1759) (sein bestes Werk), „Armida" (1761), „Sofonisbe" (1762), „la Didone abandonata" (1764), „Olimpiade" (1770), „Antigone" (1772), „Artenice" (1778), „Germonde". Seine Oper „Sofonisbe" enthält zahlreiche accompagnierte

Recitative von hohem musikalischem Werte. Die „Sinfonia" besteht aus einem Allegro molto in D-dur (⁶/₈ Takt) und einem Andante in D-moll (²/₄ Takt).

Pasquale d' Anfossi (geb. am 25. April 1725 in Neapel, gest. im Februar 1797 in Rom) war ein Schüler Sacchinis und Picinnis; er componierte 54 meist komische Opern, die überall mit Beifall aufgenommen wurden; sie zeichnen sich durch Originalität der Erfindung, Leichtigkeit und Laune, angenehmen, lebhaften Gesang und interessante Instrumentation aus. Seine erste Oper war „Cajo Mario" (1769 in Venedig). Andere berühmte Opern sind: „L'avaro", „le passe de Gelosi" (1787), „il curioso indiscreto", „L'incognita persequitata" (1773). An ihn schliesst sich

Giovanni Paisiello (geb. am 9. Mai 1741 zu Tarent, gest. am 5. Juni 1815 in Neapel). Seine stärkere Seite liegt im Komischen. Er componierte ungefähr 100 Opern, die sich auch schon durch ausgeführte Finales am Ende eines jeden Aktes auszeichnen. Im Jahre 1776 wurde er kaiserlich-russischer Kammercomponist in Petersburg. Einige Opern von ihm sind: „il Rè Teodoro in Venezia", „Nina", „l'amore in Ballo", „Il barbiere di Seviglia", „Antigone", „Pirro", „la pupilla', „la serva padrona", „Proserpina" und „il marchese di Tulipano", die schnell einen europäischen Ruf erlangte. Ausgezeichnet sind seine Werke namentlich durch grossen Reichtum lieblicher und inniger Melodien, durch komische Kraft, durch die bis dahin unbekannten vielstimmigen Finales und geschmackvolle Behandlung der Blasinstrumente. Er zählt zu den besten Tondichtern der neapolitanischen Schule. — Ein anderer namhafter Operncomponist und Meister des Contrapunktes ist

Giuseppe Sarti (geb. am 28 Dez. 1726, gest. am 28. Juli

1802). Seine Opern haben keine grossen Verdienste, sie zeichnen sich zwar durch einen Reichtum reizender, fliessender Melodien, aber auch durch eine oberflächliche leere Harmonie aus, und doch waren sie beliebt. Er schrieb über 40. Sein Erstlingswerk ist: „Pompeo in Armenia". Andere sind: „Didone", „Tito", „Armida", „Semiramide", „le gelosie villane", „Giulio Sabino" (1781), „Le nozze di Dorina" (1782). *Ciccio di Majo* (geb. 1745 in Neapel, gest. 1770 in Rom) nahm sich Jomelli zum Vorbilde. Seine Opern erregten grosses Aufsehen, besonders: „Artaserse" (1762), „Demofoonte", „Montezuma"', „Ifigenia in Tauride", „le faux lord" (1783), „Didone" (1783), „le dormeur éveillé", „Penelope" (1785), „Clytemnestre" (1787.) — Ein Talent ersten Ranges ist wiederum *Domenico Cimarosa* (geb. am 17. Dez. 1749 zu Aversa, gest. am 11. Jan. 1801 zu Venedig). Er bezeichnet den Höhepunkt der italienischen opera buffa im 18. Jahrhundert. Seine Werke zeigen einen lebendigen Sinn für Klangschönheit und eine meisterhafte Behandlung der Menschenstimme; sie zeichnen sich durch anmutigen Gesang und tiefes Gefühl aus; überall leichte und frohgemute Musik, die nach den heutigen Begriffen einfach, aber frisch und voller Humor ist. Sein erstes Werk war: „le Stravaganze del Conte", das sofort grosses Aufsehen erregte. Ebensolches Glück hatten die Opern „Italia in Londra", „Cleopatra", „Penelope", „Astuzie feminali" (Weiberlist) (1794), „Giuditta", „il Convito di pietra". Ein Meisterstück der komischen Oper ist die durch liebenswürdigen Melodienfluss, durch Frische und geistreiche Laune ausgezeichnete Oper „Matrimonio segreto", die in raschem Siegeszuge über die grössten Bühnen Frankreichs und Deutschlands zog und noch

heute auf dem Repertoir mancher Bühne steht. Eben
solchen beispiellosen Erfolg, wie Cimarosa mit seiner
„Matrimonio segreto", hatte
Valentino Fioravanti (geb. am 11. Sept. oder
November 1769 in Rom, gest. am 16. Juni 1837) mit
seiner Oper: „Cantatrice villane" („Die Dorfsängerinnen").
Die Musik ist weich und wohlthuend und zeigt ein
lebendiges Talent. Sie ist das gediegenste und zierlichste
Werk, was er geschaffen. Fioravanti war ein feinsinniger
Musiker, mitgewandtem Blick, lebendigem Geiste und voller
Begabung für frische Komik. Andere seiner Werke, deren
er über 50 schrieb, sind · „Il fabro perigino" (1797), „Ca-
milla" (1805), „il ciabattino" (seine letzte Oper), „gli
ingami fortunati" (1788), „i virtuosi ambulanti" (1807)
„Raoul de Crequi", „la capricciosa pentita" (1805), „gli a-
mori di Comingio e d'Adelaide" (1806).

Ferdinando Paër (geb. am 1 Juni 1771 zu
Parma, gest. am 3. Mai 1839 in Paris,) war einer der
fruchtbarsten Operncomponisten beiderlei Stils. Er be-
sass Mozarts stärkere Instrumentationsart, wenn auch
nicht seinen Geist. Seine Opern sind reich an Melodien
und Motiven, leicht und gefällig, immer melodiös im
Stile Paisiellos und Cimarosas, deren Einfluss auf ihn
unverkennbar ist; jedoch hat sich keine dauernd gehalten. Seine berühmtesten sind: „Dido", „Agnese",
„Griselda" „Achilles", „i pretendenti burlati" (1790),
„Camillo" (1799), „Sargino" (1803), „Eleonore ou l'amore
conjugale" (1805), „Le maître de chapelle (1824) (für
Paris geschrieben). Er war in Dresden der Nachfolger
Naumanns. —

Ein genialer Componist jener Zeit, der sich durch
schlichte Melodiosität auszeichnet, ein Schüler des
deutschen Meister Gluck, war.

Antonio Salieri (geb. am 19. Aug. 1750 zu Legnano, gest. am 7. Mai 1825 zu Rom). Einige seiner 40 Opern, die sich durch melodischen Fluss und schöne Form auszeichnen, sind: „Le donne letterate" (1770), „Armida" (1771), „Semiramide" (1774), „Les Danaides", „Les Horaces" (1786), „Tarare (1787), „il Talismane". — Andere berühmte Tonsetzer jener Zeit sind: *Marc Antonio Bononcini* (geb. 1675 zu Modena, gest. am 8. Juli 1726.) Zu erwähnen ist seine Oper „La regina credutare (1706); und sein Bruder *Giovanni Battista Bononcini* (geb. 1672 zu Modena, Todesjahr unbekannt.) Seine besten Opern sind: „Tullo Hostilio" (1694), „Serse" (1694), „Polifemo" (1703), „Muzio Scevola (1710), „Astarte" (1720). „Ciro", „Crispo", „Griselda" (1722) „Farnace" (1723) „Calpurnia" (1724), „Astianatte" (1727), „Alessandro in Sidone" (1737).

Vincenzo Martin (geb. 1760 zu Valencia, gest. im Mai 1816). Seine besten Opern, die sich durch Lieblichkeit der Melodien auszeichnen, sind: „L'arbore di Diana" und besonders „Cosa rara".

Johann Simon Mayr (geb. am 14. Juni 1763 zu Mendorf in Bayern, gest. am 2. Dezember 1845 zu Bergamo beherrschte mit seinen 73 reizenden, durch volkstümliche Melodien ausgezeichneten Opern 20 Jahre lang die italienische Bühne. Seine besten sind: „Lodoiska", „le finte revali", „Adelisia ed Aleramo" „Ginevra" „Alfonso e Cora" „Saffo" (1794).

Vincenzo Righini (geb. am 22. März 1756, gest. am 19. Aug. 1812) setzte ungefähr 20 Opern z. B. „Enea nel' Lazio" (1793), „Tigrane" (1799), „Armida", „Gerusalemme liberata (1802), „la selva incantata". „Atalanta", „Alcide al bivio". —

Bevor ich nun zu dem populärsten und genialsten
Tondichter Italiens, zu Rossini, komme, muss ich noch
einen erwähnen, mit dem die eigentlich klassische Periode
abschliesst,

Antonio Niccolo Zingarelli (geb. am 4. April 1742
in Rom, gest. am 5. Mai 1837 in Neapel). Er schrieb
31 Opern, die alle mittelmässig sind : „Romeo e Giulietta"
(1796), „Montezuma" (1781), „Alsinda" (1785), „Antigone" (1790), Jfigenia" „Clitemnestra".
Wie schon früher bemerkt, war in Italien die
Herrschaft über die Oper demokratisch, was der Menge
gefiel, war das Rechte. Die Sänger waren die Herren
der Tonsetzer. Früher war es hauptsächlich die Pracht
der Decorationen, welche die Menge anzog, jetzt die
Kunstsänger (Castraten). Jede grössere Stadt des Aus-
landes wollte italienische Sänger haben. Da trat ein
Mann auf, welcher an Stelle der ganz verflachten Concertoper der neapolitanischen Schule, der Oper wieder
musikalisch-dramatisches Leben und dramatische Wahrheit, dem Ensemble eine geschlossene Gestaltung verlieh,
Gioachimo Antonio Rossini (geb. am 29. Februar
1792 zu Pesaro, gest. am 14. Nov. 1868 in Paris.) In ihm
verkörperte sich die echte national-italienische Oper mit
all ihrem üppigem Wohllaut und Melodienreichtum. Er
ist der am reinsten nationale Componist der neueren
italienischen Oper. Seine Melodien wirken unwider-
stehlich durch Anmut und sinnlichen Reiz. In seinen
ersten Opern finden wir Rossini aber noch nicht als
den gepriesenen Meister, sondern als den Schöpfer der
alten Concertoper von unendlicher Süssigkeit. Seine
ersten dramatischen Werke waren : „La cambiale di
matrimonio" (1810) und „l'equivoco stravagante" (1811).
Durch seinen „Tancred" (1813) erzielte er einen

fabelhaften Erfolg. Von jetzt an war er der Mann des
Volkes, zugleich der populärste Tonschöpfer seines
Vaterlandes, der Beherrscher der ganzen italienischen
Oper; aber nicht nur Italien, halb Europa eroberte er
sich. Die Titelrolle in dieser Oper ist für eine Alt-
stimme geschrieben. Herrliche Arien sind in ihr ent-
halten, die früheren endlosen und farblosen Seccoreci-
tative sind auf ein bescheidenes Mass reduziert und durch
Verzierungen graziös belebt. Die ganze Oper zeigt
frische melodische Erfindung. Ein unsterbliches Werk,
ein Meisterstück der Komik in Mozart ähnlicher Weise
ist: „Il Barbiere di Seviglia.“ Diese Oper wurde zwar
zuerst mit Lauheit aufgenommen, trug aber bald den
Namen ihres Schöpfers auf Flügeln des Ruhmes von
Stadt zu Stadt, durch ganz Europa. Er entwickelte
darin die ganze Fülle seines bezaubernden Talentes.
Im „Barbier“ spiegelt sich der köstliche Humor, der
feine Geschmack, und die echt italienische hinreissende
Anmut Rossinis. Chöre kommen allerdings darin nicht
vor, es sei denn, dass man die paar Tacte Männer-
chor zu Beginn und zum Schluss des ersten Actes
so nennen wollte. Die Instrumentation ist äusserst ge-
wählt und delicat, die Stimmen in den Ensembles zierlich
und geschickt verschlungen, das ganze für den Sänger
dankbar, sogar in effecthaschender Weise geschrieben.
Nach Schumann ist der „Barbier von Sevilla“ die beste
Oper Rossinis. Andere seiner Opern sind: „Il Turco
in Italia“ (1814), „Elisabetta“ (1815), „Otello“ (1816),
„Cenerentola“ (1814), „La gazza ladra“ (1817) „Il califfo
di Bagdad(1818), „Maometto“ (1820), „Semiramide“(1823),
„Le siège de Corinthe“ (1826). „Moïse (1827), „Le comte
Ory (1828), und „Tell“ (1829), sein letztes Werk, im
Stile der französischen Oper, sein Hauptwerk auf diesem

Gebiet, während der Unruhen vor der Julirevolution entstanden. Durch Stoff und Inhalt von zeitgemässer Bedeutung, mit lebhaften Rythmen und Orchestereffecten wurde dieses vollendete Meisterwerk zuerst kalt, später mit enthusiastischem Beifall aufgenommen, so dass es noch heute auf jedem Bühnenrepertoir steht. Die Naturherrlichkeit der Alpen, die Seeufer, die grünenden Thäler des freien Hirtenvolkes, alles dies spiegelt sich in den anmutsvollen, schweizerischen Weisen, deren die Oper voll ist, wieder. Rossini ist in seinem „Tell" ausschliesslich dramatischer Componist. Die Coloraturen sind auf ein bescheidenes Mass reduziert, die Recitative charakteristischer und lebensvoller behandelt, die Harmonic und Instrumentation bereichert, das ganze nach französischer Art dramatisch belebt und zugleich nach deutscher Weise mehr vertieft und versinnlicht.

Rossini entfaltete in allen seinen Werken die ganze Fülle und berückende Grazie seines üppigen Talentes. Der Erfolg seiner Opern war in allen Fällen ein unerhörter. Besonders sein „Tell" zeichnet sich durch dramatische Grösse, Wahrheit und Schönheit aus. Er ist seine reifste Frucht. „Tell" und „Barbier" werden noch lange Jahre der Nachwelt erhalten bleiben. Ueppiges Wohlbehagen strömen alle seine Schöpfungen aus, ihr Genuss war ein leichter, müheloser. Die Melodie bildete er in höchster Virtuosität aus. Seine Opern, mit Ausnahme des Tell, entbehren aber, lyrisch angelegt, des wirklich dramatischen Zuges. Er ist der Schöpfer und genialste Vertreter der modernen ital. Oper. Noch heute dominiert im gesungenen Drama Italiens die Melodie und der Schöpfer desselben in seiner eigensten Gestalt, Rossini, war der melodiegesegnetste Genius, den die Geschichte der Tonkunst neben Mozart kennt. Keiner

seiner Landsleute hat ihn an genialer Begabung über-
ragt, keiner hat schmelzendere Weisen gesungen.
Wie in Frankreich, so verstummte auch in Deutschland die vaterländische Tonmuse vor der lächelnden
Allgewalt der welschen Kunst.

Die Zeitgenossen Rossinis, Cherubini und Spontini,
will ich wegen ihres besonderen Einflusses auf die
französische Oper daselbst erst erwähnen und jetzt
zunächst zu dem bedeutendsten und talentvollsten Nachahmer Rossinis übergehen, zu

Giuseppe Saverio Rafaele Mercadante (geb. am
26. Juni 1795 oder 1797 zu Bari, gest. am 17. Dez. 1870).
Er componierte 60 Opern, die sich durch dramatische
und geistreich wirkende Ensembles und Solis auszeichnen.
Seine beste Oper ist „il giuramento"; andere: „Scara-
muzzio", „Elisa e Claudio", „l Normanni a Parigi"
(1841), „Ismalia" (1832), „La Vestale". Ein anderer
hervorragender Componist jener Zeit ist

Vincenzo Bellini (geb. am 1. Nov. 1801 zu Catania,
gest. am 23. Sept. oder 24. October 1835 zu Paris). Er hat
nie eine komische Oper geschrieben ; den Grund hierfür
sehen wir in seiner schwärmerischen Natur und seinem
Hang zu Melancholie und Sentimentalität. Durch alle
seine Werke geht ein elegischer Zug. Seine Musik ist
durch und durch melodisch, und darum leicht verständlich.
Darum gerade war Bellini der musikalische Liebling
seiner Zeit. Berauscht lauschte man einst seinen süssen,
tiefempfundenen Melodien. Herrliche Cantilenen zeichnen
alle seine Opern aus. Die Orchesterbegleitung ist allerdings sehr verdünnt, die Instrumentation allzu einfach.
Bellini ist kein dramatischer Componist, er ist nur darauf
bedacht, dem Sänger ein reiches Feld theatralischen
Erfolges zu geben. Seine ersten Opern waren: „Adel-

son e Salvina" (1824) und „Bianca e Fernando" (1826).
Seine ersten wirklich grossen Erfolge errang er mit:
„Il pirata" (1827), „la Straniera" (1828), „i Capuleti
ed i Montechi" und „la Sonnambula" (1831).
Die letztgenannte Oper zeichnet sich durch anmutige, liebliche, zum Herzen gehende Melodien aus.
Den Gipfel des Ruhmes erstieg er mit seiner „Norma"
(1832). Schon die Ouverture dieser Oper hat schöne,
durchgeführte Motive und ist charaktervoll instrumentiert.
Die Oper selbst enthält liebliche Lieder und Arien und
auch leidenschaftliche, glühende Duette. Die vielen
Recitative sind mustergültig durch treffliche Declamation
und innige Empfindung. Die Chöre sind mit Sorgfalt
behandelt und mit einschneidender Schärfe gekennzeichnet;
besonders der Druiden-Chor am Schlusse des ersten Actes
ist von bedeutungsvoller Wirkung.

Die Behandlung des Orchesters ist allerdings sehr
dürftig; an einzelnen Stellen jedoch sind die Instrumente
in höchst malerischer Weise benutzt. Im Stile der
grossen französischen Oper componierte er 1834 „I Puri-
tani", sein letztes grosses und bedeutendes Werk. —
Ein ebenfalls sehr beliebter und fruchtbarer Componist,
der sich sowohl auf dem Gebiete der grossen wie der
komischen Oper versucht hat, der neben Rossini und
Bellini lange Zeit an der Spitze aller Opernproduction
gestanden, ist

Gaetano Donizetti (geb. am 25. Sept. 1797 zu Bergamo, gest. daselbst am 8. April 1848). Er componierte
über 70 Opern. In allen seinen Werken ist ein reicher
Schatz von wahrhaft schönen wundervollen Melodien;
seine Musik ist lebendig und oft von hinreissender
Gewalt des Ausdrucks. Seine ersten Opern waren:
„Enrico, conte di Borgogna" (1819), „Elvira", „Zoraide

di Granada" (1822), „Alina" (1828), „il diluvio univer-
sale" (1830), „Alfredo il Grande", „L'elisire d'amore"
(1832). „Der Liebestrank" zählt noch heute mit der
1841 für die Pariser „komische Oper" componierten „Re-
gimentstochter" zu den Lieblingen des Publikums. Echter
Humor, frische, anmutige, abgerundete Tonsätze, unter
denen sich auch wirksame Ensembles befinden, zeichnen
die beiden Opern aus, bei denen man so recht merken
kann, dass das für Melodiebildung natürliche Talent
Donizettis sich Rossini zum Vorbild genommen hat.
Auf dem Gebiete der Opera seria sind zu erwähnen:
„Fausta" (1832), „Torquato Tasso" (1833), „Parisina"
(1833), „La Favoite", die in der musikalischen Durch-
führung mancher Tonsätze einen wahrheitsvollen, dramatischen Ausdruck und in ihren Recitativen eine
packende declamatorische Kraft entwickelt, und auf der
französischen Nationalbühne einen Erfolg erlebte, wie
ihn kaum jemals ein französischer Componist errungen
hatte. „Anna Bolena" (1831), „Lucrezia Borgia" (1834),
„Marina Falieri" (1835). Sein bestes Werk auf diesem
Gebiete, sein Hauptwerk überhaupt, ist aber unstreitig:
„Lucia di Lammermoor" (1835), welches einen beispiellosen Enthusiasmus auf allen italienischen Bühnen hervor-
rief, so dass auch das Ausland sich beeilte, sie allent-
halben heimisch zu machen. Weniger bedeutend da-
gegen sind die tragischen Heldenopern „Maria Stuarda"
(1835) und „Belisario" (1835). Für Wien schrieb er
1843 „Don Pasquale", ein Werk, dass sich durch frische
Komik auszeichnet. Seine letzten Opern waren „Catharina
Cornaro" (1844) und „Dom Sebastiano".
In allen seinen Opern nimmt man eine nach Charakter strebende, bedeutungsvolle Harmonie und Instrumentation wahr. Ein Mangel an Individualisierung und Tiefe

der Charakterisierung, sowie eine leichtfertige Ober-
flächlichkeit, namentlich im Chor und Orchestersatze,
sind ihm allerdings vorzuwerfen, aber Donizetti ist doch
in talentvoller und erfolgreicher Weise den Bahnen
Rossinis gefolgt, die leuchtende Spuren zurückgelassen
haben. Ein Zeitgenosse Donizettis und Bellinis war
Giovanni Pacini (geb. am 17. Februar 1797 zu
Syrakus, gest. am 6. oder 11. Dez. 1867). Er componierte
90 Opern z. B. „Annetta e Lucinda" (1813), „Saffo"
(1840) (seine beste Oper), „Lydia", „L'ultimo giorno di
Pompeia", „Medea (1843), „La regina di Cipro (1846),
„Gli trabi nelle Gallie", „Niccoli de Lapi" (1855), „Bertha".
Er war ein Nachahmer Rossinis, später Bellinis.
Seine Opern beherrschten eine Zeit lang alle Bühnen
Italiens. Andere Componisten jener Zeit waren:
Pietro Raimondi (geb. am 20. Dez. 1786 in Rom,
gest. am 30. Oct. 1853), ein Componist von staunenswerter
Fruchtbarkeit und Vielseitigkeit, ein bedeutender Contra-
punktist. Er componierte 62 Opern; seine beste ist:
„La Muette".
Francesco Morlacchi (geb. am 14. Juni 1784 zu
Perugia, gest. zu Innsbruck am 28. Okt. 1841). Er schrieb
über 20, meist komische Opern, und vertiefte seinen
Stil unter der Einwirkung der deutschen Musik. Seine
besten Werke sind: „La Danaida", „il Corradino", „il
Barbiere di Seviglia" „Donna Aurora" und „Tebaldo
Isolina".
Michele Carafa (geb. am 28. Nov. 1785 zu Neapel,
gest. am 26. Juli 1872 zu Paris), er setzte eine grosse
Reihe melodiöser Opern z. B. „Ifigenia in Tauride",
„Gli due Figaro", „Solitaire", „Jeanne d'Arc", „la violette",
„Masaniello" „la prison d'Edinbourg".
Niccolo Vaccai (geb. am 15. März 1790, gest. am 5. Aug.

1841). Er componierte 17 Opern, alle ohne grossen Erfolg z. B. „I solitari di Scozia" (1815), „Giulietta e Romeo" (1825), „Virgia" (1845). *Luigi Ricci* (geb. am 8. Juni 1805 zu Neapel, gest. am 31. Dez. 1859). Er schrieb 30 Opern, z. B. „Colombo" (1829), „L'orfanello di Ginevra", „il biccaja Breston", „il diavolo a quattro" (1859). Er ist einer der namhaftesten neueren italienischen Componisten. *Frederigo Ricci* (geb. am 22. Oct. 1809, gest. am 10. Dez. 1877.) Seine besten Opern sind: „Il colonello" (1835), „La prigione d'Edinburgo (1837), un Duello sotto Richilieu" (1839), „Michael Angelo e Rolla" (1841), „Une fête à Venise (1872). Am berühmtesten ist die mit seinem oben genannten Bruder componierte Oper „Crispino e la Comare". — Der gefeierteste, jetzt lebende Opernkomponist Italiens ist *Giuseppe Verdi* (geb. am 9. October 1813 zu Roncole bei Parma). Als Künstler und Mensch ist er der Liebling seines Volkes. Seit Rossini hat kein Operncomponist eine so grosse und allgemeine Wirkung, wie Verdi, erzielen können. Die meisten seiner Werke zeigen eine reiche musikalische Erfindung, glühende Leidenschaft und intensive dramatische Gewalt. Seine ersten Opern waren: „Oberto, conte di S. Bonifacio" (1839) und „un giorno di sogno" (1840). Bedeutenden Beifall hatten: „Nabuccodonosor" (1842), „i Lombardi" (1843) [später „Ernani" umgetauft], „i due Foscari (1844), „Giovanna d'Arco" (1845), „Alzira" (1845), „Attila"(1846), „il Corsaro" (1848), „Luisa Miller" (1849), Werke voll üppigen Melodienreichtums, Kraft und Wärme des Ausdrucks. Seinen Weltruhm aber begründen erst: „Rigoletto" 1851), „il Trovatore (1853), „les vêpres siciliennes" (1855), „Simon Boccanegra (1855), „un ballo in maschera" (1859), die alle durch meisterhafte Behandlung der Form, prächtige Instrumentierung und glänzende Gesangsführung ausgezeichnet sind. 1867 componierte er „Don Carlos", ebenso wie 1855 „Die Sicilianische Vesper" und 1865 „Macbeth" für die grosse Oper in Paris. Die künstlerische Höhe hat er mit der 1871 zuerst in Kairo aufgeführten „Aïda" erklommen. Diese Oper zeichnet sich durch tiefe dramatische Charakteristik aus; in raschem Siegeslaufe ging sie über alle Bühnen Italiens und hatte auch enorme Erfolge auf allen grossen Bühnen Frankreichs und Deutschlands. Die Instrumentation ist üppiger wie bisher. In seinem „Otello" (1881) neigt sich Verdi ganz den Stilformen der neu-deutschen Schule zu. Er wendet sich mehr und mehr dem bel canto ab und giebt sich dem Einfluss R. Wagners hin. Der „Otello" ist ein bedeutend orchestriertes musikalisches Drama In dieser Oper neigt er zum Effectvollen und liebt dynamische Contraste und leidenschaftliche Gefühlsausdrücke; hierin zeigt er eine gewisse Verwandtschaft mit Meyerbeer. Mit seiner 1893 componierten komischen Oper : „Falstaff" betritt Verdi ein ganz neues Feld, das der Komik.

In allen seinen Werken erkennt man seine grosse Begabung für dramatische Composition. Viele derselben sind noch ständig auf dem Repertoir aller Opernbühnen: z. B. „Il Trovatore", „Rigoletto", „Otello", „Aida".

Von den jüngeren bedeutenden italienischen Operncomponisten seien hier erwähnt:

Giovanni Bottesini (geb. am 24. Dez. 1823, gest. am 7. Juli 1889). Einige seiner Werke sind : „Christoforo Colombo" (1847), „Ali Baba" (1871), „Michel Angelo", „Ero e Leandro" (1879), „la regina del Nepal" (1880), ferner Amilcare Ponchielli (geb. am 1. Sept. 1834 zu Cremona, gest. am 17. Januar 1886 zu Mailand). Er ist nach

Verdi der gefeierteste neuere Operncomponist. Er componierte „Marion Delorme" (1885), „I promessi sposi" (1859), „Roderico" (1864), „I Lituani" (1874), „Il figliuol prodrigo"(1880), „Gioconda" (1874). Das letztgenannte Werk, welches auch in Deutschland aufgeführt worden ist, enthält schöne Chöre und Ensemblesätze und ist mit besonderer Sorgfalt farbenreich instrumentiert.

Carlo Pedrotti (geb. 1817 in Verona) mit den Opern: „Il Favorito", „Mazeppa", „Olema".

Enrico Petrella (geb. 1843 in Palermo, gest. 1877 in Genua) mit den Opern: „Jone", „Albergo".

Fillippo Marchetti (geb. 1835 zu Bolognola) mit „Romeo e Giulietta" (1865), „Buy Blas" (1869).

Antonio Cagnoni (geb. 1828 zu Godiasco) mit den Opern: „Don Bucefalo", „Claudio", „Papa Martin", „il Duca di Tapligioni".

Francesco Cortesi mit „Mariulizza" (1875).

Achille Peri (geb. am 20. Dez. 1812 zu Reggio, gest. daselbst am 28. März 1880) componierte im Stile Verdis: „Il solitario" (1841), „Dirce" (1842) mit durchschlagendem Erfolge aufgeführt. „Tancreda" (1848), „Giuditta" (1850), „l'espiazione" (1861), „Rienzi" (1867).

Lauro Rossi (geb. am 20. Febr. 1812, gest. am 6. Mai 1885). Einige seiner 29 Werke sind: „I false monetarii" (1834), welches einen vollständigen Triumph erlangte. „Amelia" (1834), „La contessa di Mons".

Zu erwähnen ist hier noch:

Niccolo Spinelli mit seiner Oper: „A basso porto", welche seit 1894 über die grössten Bühnen Deutschlands gegangen ist. Der Musik ist nationales Gepräge, besonders in den Chören, nicht abzusprechen.

Arrigo Boito (geb. am 24. Febr. 1842 zu Padua). Er ist ein talentvoller Operncomponist und Dichter, ein

Anhänger Wagners. Sein bestes Work ist: „Mefistofele" (von ihm nach Goethes „Faust" auch selbst ge-
dichtet). Bei ihrer ersten Aufführung in Mailand im
Jahre 1868 fiel die Oper durch, bald aber wurde sie
mehr beachtet und hatte dann einen sensationellen Erfolg.
1880 wurde sie zuerst in Hamburg, 1882 in Wien
aufgeführt und machte bald ihren Weg über alle grösseren
Bühnen Deutschlands. Der „Mefistofele" ist ein Kunstwerk ersten Ranges, tiefsinnig angelegt und grossartig
durchgeführt. Er zeigt eine grosse Fülle melodischer
Erfindung und eine souveräne Macht in der Beherrschung
des Orchesters. Die Oper enthält keine Arien und Duette.
  Andere Werke Boitos sind: „Nerone", „Orestiade",
„Perluigi Farnese" (1884).
  Bevor ich nun von der italienischen Oper scheide,
muss ich noch 2 Componisten erwähnen, die in den
letzten Jahren viel von sich reden gemacht haben, über
die aber das Publikum auch bald wieder zur Ruhe
kommen wird, und zwar zunächst:
  Ruggiero Leoncavallo (geb. am 8. März 1858 in Neapel, gest. am 31. Mai 1892 in Mailand). Er ist sein eigener
Textdichter. Sein Erstlingswerk war „Songe d'une nuit
d'été" (1889). Den grössten Beifall, nicht nur in Italien,
auch in Frankreich und Deutschland, hatte er mit: „1
Pagliacci" (der Bajazzo). In dieser Oper ist der ver-
minderte Septimenaccord zu häufig angewandt, der
Pauken und Posaunendonner zu betäubend. Der „Bajazzo" beginnt mit einem Prolog, ähnlich wie wir dies
bei den ersten Opern gesehen haben. Leoncavallo ist
ein besserer Musiker als
  Pietro Mascagni (geb. am 7. Dez. 1863 zu Livorno).
Er wurde durch seine Oper: „Cavalleria rusticana", die
zuerst in Rom am 17. Mai 1890 aufgeführt wurde, der

Held des Tages. Die Musik steht auf niedriger Stufe
und doch war die Oper 4 Jahre lang auf dem Repertoir jeder grösseren und auch kleineren Bühne. Auch
jetzt wird sie noch gegeben. Ihr Erfolg lässt sich nur
aus dem vorzüglichen, dramatischen Textbuche erklären.
Mascagni gebührt das geringste Lob. Weniger sprach
„l'amico Fritz" (1891) an ; ebenso die Rantzau (1893)
und Ratcliff (1893) gefielen nicht.

Nun will ich noch einmal kurz das über die Ent-
wickelung der italienischen Oper Gesagte in seinen Haupt-
punkten zusammenfassen. Nach den ersten Versuchen Vincenzo Galileis,
Caccinis, Peris, Cavalieris, Montoverdis, Cavallis, wurde
Scarlatti der Begründer der Heldenoper, Sacchini,
Picinni, Jomelli wichen von der Grösse des älteren
Stiles ab, und neigten sich dafür dem Ausdrucke der
Anmut und Lieblichkeit zu. Bekannter und unserem
Ohre befreundeter sind schon die Weisen Paisiellos,
Cimarosas und Zingarellis. Das Gewicht fällt natürlich
auf die Melodie ; die harmonische Begleitung ist dürftig,
die Instrumentation untergeordnet. Bei den Opern
Bellinis, Donizettis und Mercadantes muss der Sänger
die absoluteste Herrschaft über die Technik und
die grösste Kehlfertigkeit besitzen, um die lieb-
lichen Weisen zur Geltung zu bringen. Die Haupt-
vertreter der Opera buffa in der kein gesprochener
Dialog, sondern statt dessen, wie in der Opera seria,
überall nur Recitation vorkommt, Logroscino, Galuppi,
Fioravanti, Rossini, Donizetti, Morlacchi und Ricci ver-
langen grosse Zungenfertigkeit, Virtuosität der Aus-
sprache und Leichtigkeit des Parlandogesanges. In
der neueren Zeit ist Verdi der gefeierteste Operncomponist Jtaliens.

Thesen.

1. Das Leidenfrostsche Phaenomen findet auch bei solchen Körpern statt, welche imstande sind, beim Erhitzen aus dem festen in den gasförmigen Zustand überzugehen.

2. Ein guter Musikunterricht wirkt charakterbildend.

3. Alle Werke der Kunst sind bleibend, in denen die Epoche derselben ihren auf dieser Stufe möglichen vollendeten Ausdruck gefunden hat.

4. In dem Voranstellen der Melodie in Scarlattis Opern lag der Keim eines im Laufe der Zeit sich immer mehr entwickelnden Verfalles musikalisch-dramatischer Wahrheit und Charakteristik.

5. Der öffentliche Unterricht ist dem häuslichen vorzuziehen.

VITA.

Geboren wurde ich, Heinrich Schall, am
4. Oktober 1872 in Köln. Die erste Schulbildung
erhielt ich auf der Elementarschule und besuchte dann
das Gymnasium, welches ich Ostern 1894 mit dem Zeug-
nis der Reife verliess. Im Sommer-Semester 1894 be-
zog ich die rheinische Hochschule, der ich ununterbrochen
bis zum Schluss des Sommer-Semesters 1897 angehört
habe. Am 24. November 1897 bestand ich das Examen
rigorosum.

Meine akademischen Lehrer waren die Herren
Professoren und Docenten:

Baron, Bender, Clemen, Dietzel, Elter, Frank,
Gothein, Jacobi, Justi, Koser, Litzmann, Meister, Neu-
haeuser, Nissen, Pelmann, Schaarschmidt, Solmsen,
Usener, Wiedemann, Wilmanns, Wolff.

Allen diesen hochverehrten Lehrern, insbesondere
Herrn Prof. Dr. Wolff für die freundlichen Ratschläge
und die überaus thätige und stets anregende Unter-
stützung bei Bearbeitung meines Themas meinen auf-
richtigsten Dank.